Misterio en la biblioteca

por María Danader

Todos los derechos reservados. Bajo licencia Safe Creative. Esta publicación no puede ser reproducida, distribuida o transmitida en forma alguna o por cualquier medio, incluido fotocopias, o cualquier medio electrónico o mecánico sin el permiso del escritor o del editor, ya sea en parte o en su totalidad. Todas las historias son ficción y cualquier parecido con la realidad es pura coincidencia.

ÍNDICE

Introducción_____7

    Método_____8

Capítulo uno_____11

    Resumen capítulo uno_____17
    Chapter one summary_____17

Capítulo dos_____19

    Resumen capítulo dos_____23
    Chapter two summary_____23

Capítulo tres_____25

    Resumen capítulo tres_____29
    Chapter three summary_____29

Capítulo cuatro_____31

    Resumen capítulo cuatro_____35
    Chapter four summary_____35

Capítulo cinco_____37

    Resumen capítulo cinco_____39
    Chapter five summary_____39

Capítulo seis_____41

    Resumen capítulo seis_____43
    Chapter six summary_____43

Capítulo siete_____45

        Resumen capítulo siete_____47
        Chapter seven summary_____47

Capítulo ocho_____49

        Resumen capítulo ocho_____53
        Chapter eight summary_____53

Capítulo nueve_____55

        Resumen capítulo nueve_____59
        Chapter nine summary_____59

Capítulo diez_____55

        Resumen capítulo diez_____61
        Chapter ten summary_____61

Vocabulario_____67

Léxico y gramática_____83

Expresiones idiomáticas_____85

Frases habituales_____87

Ejercicios de comprensión lectora_____89

        Soluciones_____95

Link audio_____97

Notas_____99

Otros títulos de la colección

publicados hasta la fecha_____101

INTRODUCTION

This book belongs to the ***IMPROVE SPANISH READING*** series specially written for those people who want to improve their Spanish level and vocabulary in a fun and entertaining way. Each book highlights every level's contents, from beginner to expert.

The stories are thought for people who are tired of reading books in Spanish without understanding them. Due to that, we have used a learning method based on the natural daily dialogues and expressions that, thanks to the summaries of each chapter, vocabulary index and the approach to the Spanish idiomatic culture, will get your Spanish to be more fluent.

At the end of the book you will find a downloadable audio link. Each story is recorded by a native Spanish speaker. With this audio, you can learn how to pronounce Spanish words properly while reading the novel.

The more advanced learning methods affirm that the most natural way of learning a language is close to the way children do. To that effect, these stories turn out to be perfect. It is not about understanding every word we are reading. It is not a reading and translating job. The real way of learning a language is understanding the context. We must be able to create an approximate idea of what the story is telling us, so later we can learn the vocabulary that will help us to find the needed words to express ourselves.

How do we use this learning method?

It is recommended to do a previous reading of the vocabulary before plunging oneself into the story, although this is not absolutely needed.

First of all, we will do a complete reading of each chapter. It does not matter if we do not understand everything we read; at the end of each chapter we will find a summary in Spanish and in English that will allow us to understand better what we have formerly read. If our comprehension has been good, we will continue with the next chapter; if it has not, we should read it again and check that now we understand the context better.

At the end of the reading we should do the comprehension activities that we can find at the end of the book.

We can play the audio while reading the book to improve our pronunciation or try to listen to the audio without reading the book and check if we understand everything. Either way, we will improve our Spanish language.

Throughout the stories we will find repeated topics, like greetings, meals, clothes, conversations in hotels and restaurants, addresses and descriptions of people that will help us interiorizing concrete and specific structures. These structures will be the base of the language knowledge in real situations.

MISTERIO EN LA BIBLIOTECA
(Por María Danader)

Capítulo uno

Lunes, 6 de abril.

Hoy tengo el día libre, la biblioteca está cerrada. El horario de la sala de investigadores es de martes a sábado, de diez de la mañana a dos de la tarde. Es ahí donde consulto el libro medieval.

Me despierto tarde y antes de desayunar, me ducho. Mientras desayuno un par de tostadas y un café, pienso en mi investigación. Después de desayunar, me lavo los dientes. Me visto con unos pantalones vaqueros, una camiseta y unas deportivas. Tengo mucho trabajo: ordenar papeles, escribir.

Mis amigos trabajan los lunes. No puedo quedar con nadie. Mejor porque así tengo más tiempo para escribir mi tesis. En casa no hay nadie. Hay mucho silencio las mañanas de los lunes. Mis padres están en el trabajo y mi hermana en el colegio.

En el salón, leo una nota de mi madre: "Por favor, Vicente, ve a la tienda de animales y compra alpiste para Jacinto. Gracias. Mamá."

Jacinto es el nombre de nuestra mascota: un loro de Brasil. Es un loro verde, muy listo. Dice algunas palabras. A veces lo saco de la jaula y me lo pongo sobre el hombro. Entonces parezco un pirata en busca de un tesoro, surco los mares y vivo aventuras. Pero no, soy Vicente, un estudiante de Historia, en pantalón vaquero y un loro brasileño sobre el hombro. Un loro verde, además. El único mar que surco es la carretera que lleva a la biblioteca del Escorial. Pero tampoco es un mar, son cincuenta y un kilómetros de carretera. Aventuras no tengo. A veces, me aburro.

Voy a la tienda de animales y compro comida para Jacinto. Al volver, compruebo que el móvil está sin batería y lo pongo a recargar. En el mismo momento de encenderlo, recibo un mensaje de WhatsApp. Es de Ana.

Ana: Buenos días, dormilón.
Yo: Hola Ana, ¿cómo estás?
Ana: Bien. Estoy en el trabajo desde las siete de la mañana. Ahora tengo un rato libre. Te escribo para saber qué haces hoy.
Yo: Hoy es lunes… tengo el día libre. ¿Quieres quedar por la tarde?
Ana: ¡Estupendo! Tengo que contarte muchas cosas de mi viaje.
Yo: Genial, soy todo oídos.
Ana: Esta tarde. ¿A las ocho en la cafetería Matilda?
Yo: Sí, perfecto. Nos vemos.
Ana: Hasta luego.

Yo: Que tengas buen día.

Ana: Lo mismo te digo, aunque eso es seguro, hoy es tu día libre ;-)

Dejo el móvil sobre la mesa. Pienso en Ana. La conozco desde que empezamos la carrera. Es muy inteligente, simpática y guapa. Por las mañanas, trabaja en el almacén de una empresa de mensajería. Necesita dinero para su viaje. Dentro de un mes se va a Francia. Eso me pone triste. Me gusta Ana. Puedo ir a verla en verano, si acabo mi tesis. Me merezco unas vacaciones.

Miro el reloj. Son las doce y veinte de la mañana. Es muy tarde. Tengo que madrugar más, pero siempre estoy muy cansado. Me siento en la silla, coloco mis papeles sobre la mesa de trabajo, saco mis apuntes y escribo mi tesis.

Después de comer, salgo a dar un paseo por el parque. Me relaja caminar y ver los árboles. En el parque hay una fuente, unos columpios, muchos árboles. A esta hora tan solo hay unos cuantos deportistas, alguna pareja que pasea, y alguien que escribe una carta. Decido descansar un rato y me siento en un banco. En el suelo, junto al banco, hay un libro. En su portada hay una fotografía. Es la fotografía de una catedral. Miro hacia los lados por si hay alguien cerca, tal vez el dueño del libro, pero no hay nadie. Aunque no tengo tiempo de leer, ni tengo espacio para más libros, decido que me llevo el libro a casa. Mi habitación está muy desordenada y llena de cosas: apuntes, fotografías, documentos. Pienso que esta misma tarde se lo doy a Ana. A ella le gusta leer. Le encanta leer.

Trabajo en mi tesis hasta las ocho. Después, me arreglo para quedar con Ana. Me pongo mi camiseta preferida, una de los "Guns and Roses", negra. En español significa pistolas y rosas. Salgo de casa y camino por la calle hasta la estación de metro. Me subo al metro y viajo hasta el centro de Madrid. El vagón está lleno de gente a estas horas, no cabe un alfiler. La mayoría, imagino, vuelven de sus trabajos. A veces, los trayectos son largos, y la gente trata de aprovechar el tiempo. Algunos miran las pantallas de sus móviles, o leen un libro o duermen. Llego a mi destino. Veo la figura de Ana a lo lejos y camino más rápido, no me gusta hacerle esperar. Nos saludamos y nos damos dos besos. Dos besos y... un libro.

¡"El nombre de la rosa"! Dice Ana, emocionada. Muchas gracias, Vicente. Es un libro muy bueno. Es de un escritor italiano que se llama Umberto Eco. Hay una película muy famosa sobre esta historia. ¡Qué bien, me encantan los libros sobre la Edad Media! Dice Ana con una sonrisa en la cara.

No hablo más del libro porque quiero que me cuente cosas sobre su viaje a Francia, pero pienso que La Edad Media me sigue allá donde voy: mi tesis, el libro. Ahora ya no quiero ser pirata, quiero ser caballero medieval, ja, ja, ja. Seguro que mis padres no aceptan un caballo como mascota.

Ana me cuenta que el día veintitrés de mayo sale su avión. Lo dice tan contenta que pienso que no le importa que yo me quede aquí rodeado de misterios medievales, tan solo. Me dice que viaja con una aerolínea de bajo coste "low-cost" porque no tiene mucho dinero. En la empresa de mensajería no pagan mucho. En París le espera su tía Memé, una hermana de su padre, soltera. Ana habla por los codos, tiene muchos proyectos, muchas ilusiones. Quiere mejorar su francés y esta es una buena oportunidad. Una beca de la Universidad de la Sorbona. Yo me alegro por ella. Me gustan las personas con inquietudes.

Le digo a Ana que mañana madrugo y que ahora me tengo que ir a casa. Nos despedimos. Llama pronto y quedamos, me dice. Y se aleja.
Camino hacia la estación de metro.

Resumen capítulo uno

Lunes, 6 de abril.

Vicente es estudiante de Historia y hace su tesis. Todos los días va a la biblioteca del Escorial para consultar un códice medieval. Los lunes la biblioteca está cerrada y Vicente se queda en casa.

En su casa no hay nadie. Sus padres y su hermana están fuera. Por la mañana, Vicente recibe un WhatsApp de Ana y queda con ella por la tarde. A Vicente le gusta Ana. Ana se va a Francia dentro de dos meses.

Vicente quiere acabar su tesis pronto para poder ir a visitarla, pero siempre está muy cansado y duda de que tenga tiempo. Vicente encuentra un libro y como él no tiene tiempo para leer se lo regala a Ana. El libro trata de un misterio medieval.

Chapter one summary

Monday, 6th of April

Vicente is a student of History and he is doing his thesis. Everyday, he goes to the library of Escorial to consult a medieval codex. On Mondays, the library is closed and Vicente stays at home.

There is no one at home. His parents and his sister are out. In the morning, Vicente receives a WhatsApp from

Ana and plans to meet her in the evening. Vicente likes Ana. Ana is leaving to France in two months.

Vicente wants to finish his thesis early so that he can visit her, but he is always very tired and wonders if he has time. Vicente finds a book and because he does not have time to read it, he gives it to Ana as a gift. The book is about medieval mystery.

Capítulo dos

Martes, 7 de abril

La luz del sol entra por mi ventana y me despierto. Miro mi reloj. Salto de la cama. ¡Son las diez de la mañana! El despertador está roto. Llego tarde a la biblioteca. Tengo sueño.

Desayuno, me ducho y me visto todo lo rápido que puedo. Bajo al garaje y me pongo en marcha. Después de veinte minutos de atascos, por fin estoy en la carretera que lleva al Escorial. Conduzco. Abro la ventanilla del coche para que el aire entre. Brilla el sol y oigo cantar a los pájaros. Huele a flores. El día es maravilloso. Es primavera.

En esta estación del año algunas personas están muy cansadas y solo quieren dormir, astenia primaveral, le llaman. Yo estoy cansado. Llevo meses así, desde que empecé la tesis. Todos los días viajo hasta el Monasterio del Escorial. La distancia entre Madrid, donde vivo, y el Monasterio del Escorial, donde está la biblioteca, es poca, así que conducir mucho no es el motivo de mi cansancio, además las mañanas las paso sentado.

Al final de la carretera, aparece el edificio. El Monasterio de San Lorenzo del Escorial es enorme y muy bonito. También tiene muchos secretos y misterios. En su gran biblioteca se guardan libros muy especiales. A mí solo me interesa uno. Es del siglo XIV. Es un libro incompleto, sin terminar. ¿Por qué? Imagino a alguien hace siglos, a un monje. El monje escribe el libro, pero no lo termina. Está cansado como yo. Pero yo tengo que terminar mi tesis. Y para eso tengo dos meses.

Paso los controles de seguridad y llego hasta la biblioteca. Allí está Berta, una mujer mayor encargada de guardar y custodiar la biblioteca. Después de tantos meses, nos conocemos mucho, pero aún así, todos los días debo mostrarle mi carné de identidad. Ella, todos los días, lee mis datos y me dice lo mismo: te llamas igual que mi gato. Entonces yo sonrío porque también todos los días le escucho pedir el carné de identidad a otros investigadores y decir: te llamas igual que mi canario, o te llamas igual que mi tortuga o te llamas igual que mi iguana. Es un poco rara, pero es una anciana adorable. Su pelo es gris y lo lleva recogido en un moño. El moño se mueve cuando camina, con sus pasos lentos. Las manos le tiemblan cuando me entrega la funda de plástico que contiene el libro. Sé que si no tiene mucho trabajo saca las agujas de tricotar y hace un jersey para su nieto. Siempre llora, un poco, al principio de tricotar. Yo creo que es porque su nieto está lejos, en el extranjero, y le ve poco. Eso me cuenta.

El rato que hablo con Berta es el único momento de distracción, luego me sumerjo en mi tesis hasta las dos del mediodía, que es cuando cierra la sala de los investigadores.

Algún día Berta me despierta porque estoy durmiendo sobre el libro. Me da unos golpes en la espalda y me dice: joven, es hora de cerrar. Entonces yo no sé muy bien dónde estoy. Veo su cara borrosa, muy cerca de la mía. En ese momento, no sé quién es, y pienso que es una bruja medieval, y me asusto. Me froto los ojos y vuelvo a la realidad. Es Berta, la bibliotecaria. Gracias, Berta, le digo. Necesitas descansar mejor por la noche, no salgas tanto por ahí, me dice como si fuera mi abuela. Anda tómate una café antes de volver a tu casa, me aconseja.

Así lo hago. Luego, conduzco de regreso a casa.

Yo: Buenas tardes, mamá.
Mamá: Buenas tardes, hijo, ¿qué tal hoy?
Yo: Bien, aunque tengo sueño, como siempre.
Mamá: Tal vez tengas astenia primaveral. Me preocupa. Debes ir al médico.
Yo: No tengo tiempo para ir al médico.
Mamá: Sí tienes. Los lunes es el día perfecto, es tu día libre. Ahora mismo llamo al doctor Pérez del Valle y pido una cita.
Yo: Como quieras…

Voy a mi habitación y me tumbo en la cama. Oigo a mi madre que habla por teléfono.

Mamá: Buenas tardes. Soy Amelia Ciempuentes, la madre de Vicente López.
Recepcionista: Buenos días, doña Amelia, ¿cómo está?

Mamá: Bien, gracias. Necesito una cita con el doctor Pérez del Valle. Es para mi hijo.
Recepcionista: Muy bien. Un momento, por favor.
Mamá: Sí, no se preocupe, espero.
Recepcionista: El día quince, miércoles, a las once de la mañana.
Mamá: Vaya...¿no puede ser un lunes? Es el día libre de mi hijo.
Recepcionista: Sí, claro, no hay problema. El lunes trece a las diez.
Mamá: Perfecto. Muchísimas gracias.
Recepcionista: De nada. Que tenga una buena tarde. Adiós.
Mamá: Gracias. Igualmente. Adiós.

Resumen capítulo dos

Martes, 7 de abril.

Vicente se despierta tarde, su despertador está roto. Se da prisa porque tiene que ir a la biblioteca. Hace un bonito día de primavera.

Cuando llega al Escorial, saluda a Berta. Berta es la bibliotecaria, una mujer mayor que se encarga de cuidar los libros. Vicente pasa la mañana en la sala de investigadores pero se queda dormido sobre el códice. A la hora de cerrar, Berta le despierta. Vicente se toma un café y vuelve a su casa.
La madre de Vicente le dice que tiene que ir al médico y pide una cita por teléfono para el día 13 de abril, lunes.

Chapter two summary

Tuesday, 7th of April

Vicente wakes up late, his alarm clock is broken. He hurries up because he has to go to the library. It's a beautiful day of spring.

When he arrives at the Escorial, he greets Berta. Berta is the librarian, an older woman who takes care of books. Vicente spends the morning in the investigating room but falls asleep on the codex. At the closing time, Berta wakes him up. Vicente drinks coffee and goes to his house.

Vicente's mom tells him that he has to go to the doctor and asks for a telephone appointment for April 13, Monday.

Capítulo tres

Miércoles, 8 de abril

Mi despertador nuevo suena de maravilla. Son las ocho de la mañana. Me levanto y hoy, sin prisa, desayuno con mi madre.

Mamá: Buenos días, Vicente, ¿cómo estás? Hoy tienes mejor cara.
Yo: Muy bien mamá. Tal vez esa llamada al médico es innecesaria. Hoy estoy perfectamente.
Mamá: De eso nada, tienes cita para el lunes próximo. Siempre es bueno hacerse una revisión.
Yo: Como quieras…
Mamá: ¿Cómo llevas tu tesis?
Yo: Bien, aunque hay algo misterioso. Es un libro muy importante, pero está incompleto. ¿Por qué? Ese es el misterio.
Mamá: Puede ser por distintos motivos. Imagina que alguien lo encarga y luego no puede pagarlo. O muere. O decide que ya no le interesa.
Yo: Puede ser, pero mi intuición me dice que aquí hay gato encerrado.

Al decir la palabra gato, me viene a la mente Berta con su andar lento y el misterioso e incompleto libro dentro de la bolsa de plástico. Y luego pienso en cómo me zarandea para que despierte.

Yo: ¿Sabes? Siempre me quedo dormido en la misma página.

Mamá: ¿Te quedas dormido en la biblioteca? ¡Eso es nuevo! ¿Te das cuenta? Debes ir al médico. ¡Cualquier día te duermes mientras conduces!

Yo: No exageres, mamá. Además, todos los días me tomo un café antes de volver a casa.

Mamá: Menos mal… No quiero ni pensarlo. Anda, cuéntame eso de que te duermes siempre en la misma página del libro. ¿Qué hay en esa hoja?

Yo: Sí, verás, en esa página hay un dibujo, una ilustración muy bonita. En ella hay un rey sobre un caballo blanco. El rey lleva una capa roja y está con sus caballeros. Parece que se dirigen a una ceremonia. El rey es joven y lleva una corona en su cabeza. Uno de sus caballeros sujeta un estandarte. Cuando miro con detenimiento la bandera o estandarte, descubro que hay algo misterioso. La lupa de aumento me muestra cosas que a simple vista no se ven: la huella de un nombre. Sólo la marca sobre el papel: Alfonso. Digamos que solo está su minúsculo molde. Como si esa persona que en el pasado dibuja, de pronto se arrepiente y lo borra. Pero para borrar esa tinta debe sacar la tinta de la superficie del papel. Por eso permanece la marca del nombre. Sobre esa marca, aparece otro nombre: Fernando.

Mamá: ¡Ajá! No es arrepentimiento, yo creo que es un cambio de rey justo en el momento en que esa persona dibuja. Por eso el nombre se cambia por otro.

Yo: ¡Las nueve! Creo que hoy los dos llegamos tarde.

Berta me recibe con una sonrisa, mientras me dice: Vicente, hoy tengo algo para ti. Ven conmigo.

Los dos pasamos al interior del almacén donde se guardan los libros. No sé si está permitido, pero tampoco voy a preguntarlo. Berta se sube a una caja de madera. Yo tengo miedo de que se caiga y le sujeto, alarmado. Tenga cuidado, Berta, puede caerse. Berta se ríe, caerme yo, con esta estatura, no sería muy grave. Berta tiene mucho sentido del humor. Mientras toca algo con su mano temblorosa, dice un ¡aquí está!

Berta se apoya en mi hombro para bajar de la caja, la veo muy fatigada. ¿Estás bien, Berta? No te preocupes, no es nada. Me da un cuaderno. Tiene las tapas de color azul. Lo abro. No puedo esperar. Son notas de una tesis. Leo la primera página: "Apuntes sobre el códice número veinte"

¡Es el mismo que yo estudio! Berta, ¿quién es su dueño?, ¿por qué está aquí?

Mañana te lo cuento, me dice Berta, ahora tengo trabajo.

¿Puedo llevármelo? Le suplico a Berta con mi mejor cara. Berta se pone muy seria. Tengo setenta y cuatro años y nada que perder. Haz lo que quieras, pero en dos días lo devuelves.

Le doy un beso a Berta. Hoy me siento feliz.

Estoy tan impaciente por leer el cuaderno que nada más llegar a casa me encierro en mi habitación. Paso la tarde leyendo esa tesis, es un material que sin duda me ayuda en mi investigación. Compruebo que hay algo que se repite: esta tesis también está sin terminar, igual que el códice número veinte. Parece que el manuscrito tenga un hechizo: el mal de lo inacabado. Ceno rápido, sin tan apenas hablar con mis padres y mi hermana. Mi intención es leer toda la noche.

Sin embargo, la noche guarda otros planes para mí. Alguien llama por teléfono. Es la policía: Berta está muerta. Las cámaras de seguridad muestran cómo esta misma mañana paso con ella dentro del almacén y salgo con un cuaderno. Me dicen que me persone en la comisaría. Quieren hacerme unas preguntas.

Resumen capítulo tres

Miércoles, 8 de abril

Vicente y su madre desayunan juntos. Hablan de la tesis de Vicente y de su cansancio. Vicente le dice que siempre se duerme sobre el códice. Su madre se asusta porque piensa que un día puede dormirse mientras conduce.
En la biblioteca, Berta le muestra a Vicente un cuaderno que tiene guardado. Se trata de apuntes sobre el "códice número veinte" el mismo sobre el que Vicente trabaja.
Vicente se lo lleva a casa para leerlo durante la noche. Una llamada de comisaría le aleja de sus planes: Berta está muerta y él debe personarse inmediatamente en comisaría. Las cámaras de seguridad muestran que Berta le da un cuaderno, la tarde que ella muere.

Chapter three summary

Wednesday, 8th of April

Vicente and his mother have breakfast together. They talk about Vincent's thesis and his tiredness. Vicente tells her that he always fall asleep on the codex. Her mother worries because she thinks that one day he is able to fall asleep while driving.

At the library, Berta shows Vicente a notebook that she has kept. These are notes on the "codex number twenty" the same on which Vicente works.

Vicente takes it home to read it during the night. A call from a police station takes him away from his plans: Berta is dead and he must immediately go to the police station.
The security cameras show that Berta gives him a notebook, the afternoon she dies.

Capítulo cuatro

Jueves, 9 de abril

Estoy muy nervioso. Llamo a Ana y le cuento todo lo que pasa. Es la una y diez de la madrugada del jueves, pero Ana me dice que me acompaña a comisaría. Voy a buscarla con el coche. Berta, mi querida Berta. Siempre que alguien muere nos da un ataque de cariño. En la vida, crees que conoces a alguien pero no, las personas son el mayor misterio, me dice Ana. Superan al misterio de tu manuscrito, asegura. Igual tener ese cuaderno te mete en un lío. Quién sabe quién fue Berta.

Estoy triste. Ana tiene razón, es mejor decir la verdad. No sé todo lo que contiene ese cuaderno. Necesito más tiempo para acabar de leerlo. Pero en este caso, es mejor devolverlo.

Yo: Buenas noches, me llamo Vicente López Ciempuentes, le digo al policía. Me pide el carné de identidad, lee mi nombre. Berta, en mi recuerdo, dice: te llamas igual que mi gato.
Agente: Muy bien, ¿a qué te dedicas?
Yo: Soy estudiante de Historia, hago la tesis, en dos meses acabo. Trago saliva al pensar que si ingreso en prisión no acabo en dos meses, no viajo a Francia, no visito a Ana.
Sin darme cuenta cojo, con fuerza, la mano de Ana.
Agente: Verás, dice el agente, que se remanga la camisa, voy a hacerte unas preguntas. Como sabes,

Doña Berta Gómez Donoso está muerta. El suceso data de esta misma tarde, dos horas después de cerrar la biblioteca al público.
Yo: ¿Cuál es la causa? Digo con lágrimas en los ojos.
Agente: Un golpe en la cabeza. La reconstrucción de los hechos nos lleva a pensar que Berta a las 2:10 del mediodía se sube en una caja. La caja cede y Berta cae. Se golpea la cabeza y muere.
Aunque esto, a su edad, no se puede saber a ciencia cierta: puede ser primero la muerte y luego la caída.
Yo: Entiendo, le digo. En cualquier caso, es una gran pena.
Agente: ¿Puede decirme qué hace usted en el almacén de la biblioteca desde las 11.57 hasta las 12:14 de la mañana?

Sin poder hablar, saco el cuaderno y lo dejo sobre la mesa. Me tiembla todo. Solo acierto a decir: este es el motivo.

El agente lo abre. Un cuaderno, dice. ¿Es suyo?

No, no es mío. Recupero el habla y le explico todo al agente. Le hablo de Berta, de su costumbre de decirle a la gente que se llama igual que una de sus muchas mascotas. Del temblor de sus manos. Del vaivén de su moño. Del jersey incompleto ya, para su nieto.

Disculpe, me dice el agente, una llamada.

Pasan varios minutos, Ana me mira fijamente. Los dos tenemos miedo.

Es suficiente, Vicente, puedes irte.

Respiro aliviado, Ana también.

Le doy la mano al agente. Muchas gracias.

Gracias por tu colaboración, Vicente.

Antes de alcanzar la puerta, el agente me dice: por cierto, en casa de Berta no hay rastro de mascotas.

Y sonrío.

Resumen capítulo cuatro

Jueves, 9 de abril

Vicente está muy nervioso y llama a Ana. Le cuenta lo ocurrido y va a buscarla a su casa en coche. Ana y Vicente van juntos a comisaría.

En comisaría el agente interroga a Vicente. Vicente le explica que Berta le da ese cuaderno, por eso aparecen juntos en el almacén de la biblioteca. El agente le explica que Berta muere porque se cae al subir a una caja y se da un golpe en la cabeza.

Tras una llamada de teléfono, el agente le dice a Vicente que se puede ir a casa.

Chapter four summary

Thursday, 9th of April

Vicente is really nervous and calls Ana. He tells her what happened and he goes to her to pick her up by car. Ana and Vicente go together to the police station.

In the police station the policeman interrogates Vicente. Vicente explains him that Berta gives him that notebook, that is why they appear together in the library store.

The policeman explains that Berta dies because she falls when climbing onto a box and hits her head.

After a phone call, the policeman tells Vicente that he can go home.

Capítulo cinco

Viernes, 10 de abril

Hoy no voy a la biblioteca. Tengo que ordenar mis pensamientos. El entierro de Berta es mañana. Ahora le están haciendo la autopsia. Y a mí me asaltan las dudas.

Me quedo, para siempre, con preguntas para Berta. La imagino a mi lado y le digo: querida Berta, ¿por qué, esa tarde, subes otra vez a la caja? ¿Qué quieres coger o dejar? ¿Hace cuánto tiempo que sabes de la existencia del cuaderno? ¿Por qué esa persona abandona su tesis a la mitad? ¿Qué es lo que pasa alrededor del libro medieval?

Silencio. Me acerco a la ventana. El susurro del viento se cuela por el marco de la ventana y parece que, dentro de la madera, alguien silba. Alguna nube gris pinta el cielo. Las primeras gotas de lluvia golpean el cristal. Esa misma lluvia, ese mismo cielo gris, trae agua y hace crecer las flores. El gris de ahora es el verde de mañana. La tristeza de hoy, mañana es alegría.

Una llamada de teléfono interrumpe mis divagaciones.

Ana: Hola Vicente, soy Ana, ¿cómo estás?, ¿mejor?
Yo: Sí, sí, no te preocupes, ahora mismo tengo muchas preguntas sin respuesta. ¿Cómo estás tú?
Ana: Bien, bien, estoy leyendo el libro del parque.

Yo: Ah, qué bien, y dime ¿te gusta? (No recuerdo el título, pero le sigo la corriente).
Ana: Sí, está muy bien, es muy interesante.
Yo: Me alegro. Oye Ana, ¿vienes mañana al entierro de Berta, por favor?
Ana: Sí, para eso llamo, para decirte que cuentes conmigo.
Yo: Gracias Ana. Mañana paso a recogerte por tu casa.
Ana: Muy bien, trata de descansar. Un beso. Adiós.
Yo: Sí, lo intento. Un beso, Ana. Hasta mañana.

Resumen capítulo cinco

Viernes, 10 de abril

Vicente no va a la biblioteca. Necesita poner orden en su cabeza. Él está confundido. Tiene muchas dudas. ¿Por qué Berta se sube de nuevo en la caja? ¿Qué trata de dejar o coger?

Ana llama a Vicente por teléfono. Quiere saber cómo está y decirle que mañana le acompaña al entierro de Berta.

Chapter five summary

Friday, 10th of April

Vicente does not go to the library. He needs to put his mind in order. He is confused. He has many doubts. Why does Berta stand on the box again? What does she want to put or pick?

Ana phones Vincente. She wants to know how is he feeling and tell him that she is going to Berta's funeral with him tomorrow.

Capítulo seis

Sábado, 11 de abril

Hoy el día está gris. Estoy seguro de que en cualquier momento, llueve. Aún así hay mucha gente por la calle. Los sábados son días de compras y encuentros. Me parece mentira que mientras toda esa gente se afana en realizar sus compras semanales en los supermercados, yo voy a un entierro. Conduzco desde mi casa hasta casa de Ana, tan apenas unos cinco kilómetros. Después, pongo rumbo al cementerio.

Ana: No es nada raro, pero, estoy pensando que los dos vestimos con colores oscuros, parecemos una pareja de pájaros, tan a juego.
Yo: Sí, es lo propio de las ocasiones serias. Nadie se atreve a ir a un entierro con una camisa naranja o un pantalón verde.
Ana: Lo sé.
Yo: Pero sí, tienes razón, parecemos una pareja de pingüinos o de cuervos.
Ana: Mira, ya llegamos.
Yo: Por hoy somos como las mascotas de Berta.

El cementerio es un lugar muy grande y nos cuesta encontrar el lugar donde está el cuerpo de Berta. Preguntamos a un barrendero que curiosamente viste una camisa naranja y un pantalón verde. Nos indica la dirección que debemos seguir. Nos damos toda la prisa que podemos.

Al llegar al lugar, comprobamos que tan solo hay tres personas allí. Un hombre de unos setenta años, vestido de negro de los pies a la cabeza, apoya su mano y su tristeza en un bastón marrón de madera, llora sin hacer ruido. A su lado, hay una pareja, compañeros de trabajo de Berta.

A Ana y a mí nos sorprende la poca gente que hay, y pensamos que quizás no encuentran el lugar. Le damos el pésame al hombre de negro. Es su marido. Luego, nos alejamos del lugar.

Cuando ya casi estamos en el coche, Ana me dice que tiene que volver: no encuentra su paraguas. Le digo que le acompaño, pero insiste en que va sola.
Estoy diez minutos solo mientras veo pasar gente, gente que está triste, gente que llora, gente con flores y sin flores, gente vestida de negro, que va y viene, y el barrendero como un personaje salido de otro escenario, tan verde y naranja.

Cuando Ana llega, sonríe y me cuenta, casi sin aliento, que la tumba de Berta está sin gente. Lo sé, le digo. Pero rodeada de gatos, me dice.

Ambos subimos al coche y dejamos atrás el cementerio. Pienso que uno de esos gatos se llama Vicente, como yo, y sonrío. La vida a veces tiene cosas pequeñas que son grandes, y tienes la sensación de que todo encaja a la perfección.

Resumen capítulo seis

Sábado, 11 de abril

Ana y Vicente van en coche al entierro de Berta. Llueve. Al llegar al cementerio no encuentran el lugar y le preguntan a un barrendero. En el lugar del enterramiento solo hay tres personas, además de ellos: el marido de Berta y una pareja que son compañeros de trabajo de Berta.

Al volver al coche, Ana recuerda que se ha dejado el paraguas en el lugar del enterramiento y va ella sola a buscarlo. Cuando regresa le cuenta a Vicente que en la tumba de Berta hay unos gatos.

Chapter six summary

Saturday, 11th of April

Ana and Vicente go by car to Berta's funeral. It is rainning. When they arrive at the cemetery they do can ´t find the place and ask a sweeper. At the burial site there are only three people, besides them: Berta´s husband and a couple of Berta´s workmates.

When coming to the car, Ana remembers that she has left the umbrella at the burial site and goes alone to pick it up. When she returns she tells Vicente that at Berta´s tomb there are some cats.

Capítulo siete

Domingo, 12 de abril

Hoy está cerrada la sala de investigadores, así que aprovecho para avanzar en mi tesis. Me pregunto quién va mañana a ocupar el puesto de Berta. Espero que sea alguien competente y que haga su trabajo muy bien, no tengo tiempo que perder. Yo mañana tengo que ir al médico.

A media mañana, hago un descanso y quedo con Ana a tomar un café. Hablamos de cosas cotidianas, un poco también de su viaje a Francia, pero poco. Creo que sabe que, aunque me alegro por ella, me da pena su marcha, así que enseguida cambia de tema. Me cuenta cosas del libro "El nombre de la rosa". Por un momento se pone muy seria y me dice que el libro trata de los crímenes que rodean a un manuscrito medieval. Pero pronto me guiña un ojo, mientras dice: pudiera ser que tú estuvieras ante un nuevo caso del nombre de la rosa, y se ríe.

Para tomarle el pelo, me pongo muy serio mientras le digo que ya hay una muerta. Hoy se determina el motivo de su muerte.

Los dos nos miramos, algo asustados, no sabemos si tomarlo a broma o en serio.

El resto del día, lo paso en casa, sin ninguna novedad.

Resumen capítulo siete

Domingo, 12 de abril

Los domingos la sala de investigadores de la biblioteca está cerrada y Vicente se queda en su casa y trabaja en su tesis. A media mañana hace un descanso y queda con Ana a tomar un café. Hablan de su próximo viaje a Francia y del libro que Vicente le regaló. Ana está sorprendida porque trata de crímenes medievales alrededor de un manuscrito. Ambos piensan que es una coincidencia.

Chapter seven summary

Sunday, 12th of April

On Sundays the library's research room is closed and Vicente stays at home and works on his thesis. Halfway in the morning he rests, and meets Ana to have a coffee. They talk about her next trip to France and about the book Vicente gave her. Ana is surprised because it deals with medieval crimes related to a manuscript. Both think it's a coincidence.

Capítulo ocho

Lunes, 13 de abril

Yo: Buenos días, ¿la consulta del doctor Pérez del Valle, por favor?
Secretaria: Sí, la segunda sala a la derecha. Espera allí sentado que enseguida te llamo. Por favor, si eres tan amable de darme tus datos.
Yo: Sí, claro.
Secretaria: ¿Cómo te llamas?
Yo: Vicente
Secretaria: ¿Apellidos?
Yo: López Ciempuentes
Secretaria: ¿Edad?
Yo: Veintitrés años.
Secretaria: ¿Domicilio?
Yo: Calle Aranjuez, número cinco, séptimo A.
Secretaria: ¿Tu teléfono es el nueve-cinco-cuatro-tres-cinco-seis-tres-dos-uno?
Yo: Sí, ese es.
Secretaria: Muy bien, gracias, pasa a la sala.

En la sala de espera no hay nadie. Seguro que el siguiente paciente en entrar soy yo. Miro a mi alrededor y compruebo que las paredes de la sala de espera están llenas de diplomas, una orla, el título universitario del doctor. En el centro de la sala, una mesa baja, de cristal, sobre la que descansan varias revistas. Me acerco y veo las que hay: de moda, de ciencia, de coche, de viajes. Las dejo en su lugar, no hay ninguna revista de historia.

La enfermera llama a la puerta antes de entrar. Mientras abre la puerta dice mi nombre: ¿Vicente López Ciempuentes? Me levanto de inmediato mientras digo un sí. Acompáñame, por favor, dice mientras apunta algo en su carpeta. Sala dos, dice.

Yo: Buenos días doctor.
Doctor: Buenos días, Vicente. Cuéntame, ¿qué te sucede?
Yo: En realidad, no me sucede nada. Mi madre quiere que usted me vea porque llevo unos meses muy cansado.
Doctor: ¿Duermes bien?
Yo: Sí, sí, incluso demasiado. Me quedo dormido hasta en la biblioteca, mientras estudio. Estoy haciendo la tesis doctoral sobre un libro medieval, el códice número veinte. Es un libro único pero está incompleto.

Le digo esto pero sé que al doctor, a juzgar por las revistas que tiene en la sala de espera, no le gusta la historia. El doctor me mira mientras se coloca bien las gafas.

Doctor: Y dime, Vicente, ¿cuándo empieza tu cansancio?
Yo: Al poco de comenzar mi tesis. Mi madre dice que es porque viajo diariamente. La biblioteca donde consulto el libro está en el Escorial, y conduzco todos los días.
Doctor: ¿Y todos los días manipulas el libro?
Yo: Bueno, ahora llevo dos días sin ir a la biblioteca. Ayer en un entierro y hoy aquí.
Doctor: Y estos días que no viajas, ¿estás mejor?

Yo: La verdad es que sí. Pero conducir me gusta. Además son pocos kilómetros.
Doctor: Eres muy joven para cansarte tanto por eso, la verdad. Está bien, Vicente, necesito una muestra de orina y de sangre. Puedes pedir cita para mañana. Así vemos cómo va tu hierro, puede ser algo de anemia. ¿Comes bien?
Yo: Sí, sí, como de todo, fruta, verdura, carne, pescado...
Doctor: Entonces nos vemos dentro de una semana que ya están los resultados. Mientras, intenta no hacer excesos.
Yo: Muy bien, doctor, muchas gracias.

Cuando salgo de la consulta, oigo que la enfermera está llamando a otro paciente. Espero en el mostrador para pedir cita para dentro de una semana. Así lo hago.

Ya en la calle miro el reloj. Son las doce y cuarto. Voy a una cafetería y me tomo un café. Mientras, pienso que mañana tengo que averiguar qué hay sobre el estante del almacén de la biblioteca, donde, en el mismo día de su muerte, Berta busca algo.

Resumen capítulo ocho

Lunes, 13 de abril

Vicente va a la consulta del médico. Le cuenta que siempre está muy cansado, que viaja todos los días y que está haciendo la tesis. El médico le pide que se haga unos análisis de sangre y de orina para determinar el porqué de su cansancio.

Cuando sale de la consulta piensa que mañana va a ir a la biblioteca y que tiene que averiguar qué deja Berta sobre la estantería del almacén de la biblioteca la tarde que muere.

Chapter eight summary

Monday, April 13

Vicente goes to the medical consultation. He tells the doctor he is always very tired, that he travels everyday and he is doing his thesis. The doctor asks him to have blood and urine tests to determine why is he so tired.

When he leaves the consultation he thinks that tomorrow he will go to the library and that he needs to find out what Berta leaves on the bookshelf of the library storeroom in the afternoon that she dies.

Capítulo nueve

Martes, 14 de abril

Me levanto muy temprano para ir a hacerme el análisis de sangre, después desayuno copiosamente en una cafetería cercana y cojo el coche para ir a la biblioteca. Estoy impaciente por llegar, por ver quién ocupa el puesto de Berta. También estoy nervioso porque no conozco a esa persona.

Me acerco al mostrador. Allí hay mucho revuelo. Hay muchos investigadores, muy enfadados. Exigen sus documentos.

El hombre que hay detrás del mostrador parece tranquilo. Es un hombre alto, de complexión fuerte, es moreno y lleva bigote. Hace gestos con las manos, pide un poco de comprensión: los responsables de la biblioteca están tratando de poner orden en los archivos. Al parecer los archivos de Berta están manga por hombro.

Además, nos explica, van a tardar un par de días en traer las cajas para guardar los documentos que ahora se guardan en plástico. Son pocos los documentos que aún se mantienen en plástico, pero justo el códice número veinte es uno de ellos.

Le digo al nuevo bibliotecario que por mí no hay problema, no me importa el embalaje del libro. Ya, me dice, pero es por seguridad. El documento se mantiene mejor en una caja de cartón. Además, me dice, hay estudios recientes que desaconsejan el plástico por motivos de emisión de gases. Al parecer, me dice acercándose a mí, los libros viejos respiran, por eso huelen así. No sé si me está tomando el pelo. Esos gases de la respiración del papel, al reaccionar con el plástico, pueden, dependiendo del tipo de tinta usada en escribir el libro, formar un compuesto nocivo. Le miro con cara de no entender nada. Pero es verdad que el códice huele muy raro cada vez que lo saco del plástico.

El bibliotecario me deja solo y habla con un investigador que chilla y está muy enfadado porque quiere consultar su documento. Aprovecho este momento y entro en el almacén. Sé que hay cámaras de seguridad, pero con este revuelo es difícil diferenciar a la gente. Confío en la buena suerte.
Tengo que darme prisa. Subo a una caja. Miro la balda, pero allí no hay nada interesante, tan solo un libro de animales. Lo abro y en la primera página leo el nombre de Berta. Paso las hojas rápido por si hay algún papel escondido entre sus páginas. Nada, tan solo ilustraciones de animales, con nombres escritos a lápiz. Sonrío. Estoy frente a las mascotas de Berta.

Salgo rápido y me mezclo entre el revuelo de gente. El nuevo bibliotecario está poniendo un cartel en la puerta de cristal: "Biblioteca cerrada. Disculpen las molestias".

Vuelvo al coche y conduzco hacia Madrid. Un pensamiento me hace frenar. Aparco el coche en la cuneta y respiro el aire puro de la sierra. El aire puro.

La respiración de los libros. El bibliotecario dice que los libros antiguos, al contacto con el plástico, pueden generar gases tóxicos.

Subo al coche y cuando llego a Madrid voy directamente a la empresa de mensajería. Allí pregunto por Ana. Estoy de suerte, tiene un rato libre. Le cuento mis nuevas pesquisas acerca del códice. Me mira fijamente mientras abre la boca y me dice: "El nombre de la rosa". Tal vez el códice emite veneno, por eso te duermes sobre el libro. Los libros antiguos están hechos con materiales, tintas, pastas de papel, muy distintas a las de hoy en día. Además, siempre lo dices, este libro es único, no hay otro igual. Seguramente no se analiza nunca su composición para no estropearlo. Nunca lo vamos a saber, Vicente. Lo que es seguro es que debes abandonar la investigación, por tu salud.

Tranquila, Ana, van a cambiar los envases de los libros. Además, estoy a la espera de los resultados de los análisis de sangre. Puede que tenga algo de anemia, nada más. En una semana se desvela el misterio.

Piensa una cosa: que otro investigador deja a medias la tesis cuadra bastante con todo lo que cuentas. Imagino que un día se encuentra muy mal, Berta le guarda el cuaderno, pero el investigador no vuelve más. Pasa el tiempo, y un día decide mostrarte ese cuaderno.

La casualidad quiere que sea el último día de vida de Berta.

La casualidad o la maldición del manuscrito, digo.

Maldición… no seas fantasioso, todo se debe a la química, responde Ana.

Pero… aún nos queda por descubrir por qué el monje que escribe el manuscrito no lo acaba.

Esa es tu tesis, me dice Ana, debes descubrirlo tú, y pronto, quiero que vengas conmigo a Francia este verano.

Resumen capítulo nueve

Martes, 14 de abril

Vicente se levanta temprano y se hace los análisis de sangre. Después desayuna y conduce hasta la biblioteca. En el mostrador hay mucho revuelo de investigadores pidiendo sus documentos. El nuevo bibliotecario les explica que están ordenando los archivos porque está todo bastante desordenado. La biblioteca va a cerrar unos días. Además cambian los embalajes de los libros por motivos de seguridad, ya que las tintas de los libros antiguos al contacto con plástico emiten gases tóxicos.

Vicente aprovecha el revuelo para entrar en el almacén de la biblioteca. Sobre la estantería solo encuentra un libro de animales que pertenece a la fallecida Berta.

Vicente piensa si su cansancio puede tener relación con los gases tóxicos que emanan de los libros viejos. Se lo cuenta a Ana.

Chapter nine summary

Tuesday, April 14

Vicente gets up early and gets blood tests. Then he has breakfast and drives to the library. At the counter of the library there is much commotion from researchers asking for their papers. The new librarian explains that they are ordering the files because it is all rather messy. The library is closing for a few days. They also change the packaging of the books for safety reasons, because the inks of the old books on contact with plastic emit toxic gases.

Vicente takes advantage of the commotion to enter the library warehouse. On the shelf there is only one book of animals belonging to the late Berta.

Vincent thinks that his tiredness may be related to the toxic gases emanating from the old books. He tells Ana.

Capítulo diez

Lunes 20 de abril

Llevo una semana sin ir a la biblioteca, le digo al doctor y, la verdad, me encuentro mucho mejor.
Normal, me dice, descansar siempre ayuda. Además, el resultado de tu analítica nos muestra una elevada concentración de un metal. Esta puede ser la causa del bajo nivel de hematocitos, ya que el metal interfiere con ellos. Aquí tenemos el origen de tu cansancio. Ahora solo nos falta determinar la causa. Este tipo de metal se encuentra en determinados pigmentos y se vuelven más tóxicos si están, largo tiempo, en contacto con plásticos.

¡Ajá! Digo en voz muy alta.

¿Qué sucede, Vicente?, me pregunta el doctor, extrañado de mi reacción.

Doctor, ¿cree que es posible que la presencia del metal esté relacionado con el manuscrito medieval? Es un manuscrito que se preserva en plástico, la antigua bibliotecaria… en fin, digamos que no se mantiene en las óptimas condiciones.

Puede ser, asiente el doctor, pero para estar seguro necesito analizar una muestra. Y eso dudo que pueda hacerse.

No creo que haga falta, le digo al doctor, está previsto el cambio de embalaje de determinados documentos, entre ellos mi códice, para dentro de una semana.
Entonces, si es ese el origen, está solucionado. Dedica esta semana a pasear por el monte, el aire puro hace bien en este tipo de casos. Por lo demás, intenta mantener una buena alimentación, mucha verdura, zumos, etc.

Muchas gracias, doctor, le digo antes de irme.

De nada, Vicente, en un mes estás totalmente recuperado, me dice mientras golpea mi hombro.
Eso espero, tengo pendiente un viaje a Francia para este verano, le digo ya en la puerta.

Salgo muy contento de la consulta. Me siento un gran investigador, veo que soy capaz de resolver misterios como qué guarda Berta en la repisa del almacén, o cuál es el origen de mi cansancio.

Ahora ya nada me va a impedir ser un gran investigador medieval.

FIN

Resumen capítulo diez

Lunes 20 de abril

Vicente va al médico a recoger los resultados de los análisis. Vicente lleva una semana sin ir a la biblioteca y se siente mucho mejor.

El médico le dice que el análisis muestra una elevada concentración de un metal que está presente en determinadas tintas y que se vuelve más tóxico al contacto con el plástico. Vicente corrobora sus sospechas: el códice número veinte es el causante de su cansancio.

Así se lo dice al médico. Vicente se siente un gran investigador y está lleno de ganas de acabar su tesis medieval.

Chapter ten summary

Monday, April 20

Vicente goes to the doctor to collect the results of the analyzes. Vicente arrives for a week without going to the library and feels much better.

The doctor tells him that the analysis shows a high concentration of a metal that is present in certain inks and that becomes more toxic on contact with the plastic.

Vincent corroborates his suspicions: codex number twenty is the cause of his fatigue.

He tells the doctor. Vicente feels like a great researcher and is full of desire to finish his medieval thesis.

Material extra

VOCABULARIO/VOCABULARY

A

Abandonar: to leave.
Abierto/a: open.
Abril: April.
Abrir: to open.
Aburrir (se): to get bored.
Acabar: to finish.
Acercar (se): to come near.
Acompañar: to go along with.
Además: too, also.
Adorable: lovely.
Agente: agent.
Agua: water.
Aire: air
Alegría: happiness.
Aliviado: relieved.
Almacén: store.
Alto: high.
Amigo: friend
Analizar: to analyse.
Andar: to walk.
Anemia: anemia.
Animal: animal.
Antes: before.
Año: year.
Aparcar: to park.
Apellido: surname.
Árbol: tree.
Archivo: archive.
Arrepentir (se): to regret.

Así: so, in this way.
Astenia primaveral: spring asthenia.
Ataque: attack.
Atrever: to dare.
Aún: still, yet.
Autopsia: autopsy.
Avanzar: to advance.
Aventura: adventure.
Averiguar: to discover.
Avión: plane.
Ayudar: to help

B

Bajo: short.
Balda: shelf.
Banco: seat.
Barrendero: street-sweeper.
Bastón: walking stick.
Batería: battery.
Beso: kiss.
Biblioteca: library.
Bibliotecario: librarian.
Bigote: moustache.
Bolsa: bag.
Bonito/a: nice, pretty.
Borrar: to clean, to erase.
Brasil: Brazil.
Brasileño: Brazilian.
Bruja: witch.
Bueno: good.
Buscar: to search for.

C

Caballero medieval: medieval knight.
Caballo: horse.
Caer: to fall.
Café: coffee.
Cafetería: coffee shop, café.
Caja: box.
Cama: bed.
Cámara (de seguridad): security camera.
Cambio: change.
Caminar: to walk.
Camisa: shirt.
Canario (pájaro): canary.
Cansado: tired.
Capa: cape.
Cara (rostro): face.
Cariño: darling, love.
Carné (de identidad): carnet.
Carne: meat.
Carpeta: folder.
Carretera: highway.
Carta: letter.
Cartel: poster.
Cartón: cardboard.
Casa: house.
Casualidad: coincidence.
Causa: reason, cause.
Ceder (algo): to hand over.
Cementerio: cemetery.
Cenar: to have dinner.
Cerca: near.

Ceremonia: ceremony.
Cerrada/o: closed.
Cerrar: to close.
Chillar: to scream.
Cielo: sky.
Cita: appointment
Coche: car.
Códice: codex, manuscript.
Colegio: school.
Color: colour.
Comer: to eat.
Comisaría: police station.
¿Cómo?: how?
Competente: competent.
Complexión: build.
Comprar: to buy.
Comprobar: to check.
Concentración: concentration.
Conducir: to drive.
Confiar: to trust.
Conocer (se): to meet.
Conocer: to know.
Consulta (lugar): consulting room.
Consultar: to consult.
Corona: crown.
Costumbre: habit.
Creer: to believe.
Crimen: crime.
Cristal: crystal.
Cuaderno: notebook.
Cuerpo: body.
Cuervo: crow.
Custodiar: to guard.

D

Dar: to give
Darse cuenta: to realize.
Datar: to date.
Dato: data, facts.
Decidir: to decide.
Decir: to say.
Dedicar (se): to take up.
Deportivas: sneakers.
Desayunar: to have breakfast.
Descubrir: to discover.
Desordenado: untidy.
Despedir (se): to say goodbay to.
Despertador: alarm clock.
Despertar (se): to awake.
Después: after.
Desvelar: to reveal.
Determinar: to determine.
Día: day
Diariamente: daily
Diente: tooth.
Dinero: money.
Distancia: distance.
Doctor: doctor.
Domicilio: home, residence.
Dormilón: sleepyhead.
Domingo: Sunday.
Dormir: to sleep.
Duchar (se): to have a shower.
Duda: doubt.
Dueño: owner.

E

Edad Media: Middle Ages.
Edad: age.
Edificio: building.
Elevado: high.
Embalaje: packaging.
Emisión (de gases): emission of gases.
Emitir: to emit.
Emocionado: excited.
Encajar: to fit in.
Encargar: to order.
Encender: to turn on.
Enfadado: angry.
Enfermero/a: nurse.
Enorme: enormous.
Enseguida: immediately.
Entierro: funeral.
Envase: package.
Escenario: stage.
Escondido: hidden.
Escribir: to write.
Ese/Esa: that.
Espalda: back.
Especial: special.
Esperar: to wait.
Esta/Este: this.
Estación (de metro, de bus, de tren): metro station, bus station, train station.
Estación (del año): season.
Estandarte: banner.
Estante: shelf.

Estar: to be.
Estropear: to fail.
Estudiante: student.
Estupendo: marvellous.
Exigir: to demand.
Explicar: to explain.
Extranjero: foreign.
Extrañado: missed.

F

Feliz: happy.
Flor: flower
Fotografía: photography.
Francés: french
Francia: France
Frenar: to brake.
Fruta: fruit.
Fuente: fountain.
Fuerte: strong.

G

Gafas: glasses.
Garaje: garaje.
Gato: cat
Gente: people.
Golpe: hit.
Golpear (con suavidad): to tap.
Gracias: thank you.
Gran: big, large.
Grave: grave, serious, heavy.
Guapa: pretty.

Guardar: to save.
Guiñar (el ojo): to wink.
Gustar: to like.

H

Habitación: room.
Hablar: to talk.
Hacer: to do/ to make
Hacer (un descanso): to have a break.
Hay: there is/are.
Hechizo:magic spell.
Hematocito: hematocrit.
Hermana: sister.
Hoja: leaf.
Hombro: shoulder.
Hora: hour.
Horario: schedule.
Huella: paw print.

I

Iguana: iguana.
Imaginar: to imagine.
Impaciente: impatient.
Inacabado: unfinished.
Incompleto: imcomplete.
Ingresar (en prisión): to imprisonment.
Insisitir: to insist.
Inteligente: intelligent.
Intentar: to try.
Interferir: to interfere with.
Ir: to go.

Italiano/a: italian.

J

Jersey: sweater
Joven: young.
Jueves: Thursday.
Junto a: next to.

L

Lágrima: tear.
Lavarse: to wash, to have a wash.
Leer: to read.
Lejos: far.
Libre: free.
Libro: book.
Llevarse: to carry off.
Llover: to rain.
Lluvia: rainfall.
Loro: parrot.
Lunes: Monday.
Lupa: magnifying glass.
Luz: light

M

Madera: wood.
Maldición: curse.
Manipular: to manipulate.
Mano: hand.
Manuscrito: manuscript.
Mañana/ Por la mañana: tomorrow/ In the morning.

Maravilloso: wonderful.
Martes: Tuesday.
Mascota: mascot.
Mayor: oldest.
Médico: doctor.
Medieval: medieval.
Mejor: best.
Mensaje: message.
Mesa: table.
Mes: month.
Metal: metal
Mientras: while.
Miércoles: Wednesday.
Minuto: minute.
Mirar: to look.
Misterio: mistery
Molde: mould.
Monje: monk.
Moño: bun, chignon.
Morir: to dead.
Mostrador: counter.
Mostrar: to show.
Mucho/a: a lot of,
Muerto/a: dead.
Mujer: woman.

N

Necesitar: to need.
Nervioso: nervous.
Nieto: grandson.
Ninguna/o: nobody, no one, none.
Nivel: level.

Noche: night.
Nocivo: harmful.
Nombre: name.
Nota: note.
Nube: cloud.

O

Ocupar (un puesto): to hold.
Oír: to hear.
Ojo: eye.

P

Padres: parents.
Pagar: to pay.
Pájaro: bird.
Pantalla: screen.
Pantalón: pants, trousers.
Papel: paper.
Paraguas: umbrella.
Parecer: to look like.
París: Paris.
Parque: park.
Parte: portion, part.
Pasar (al interior): to come in.
Pelo: hair.
Pena: shame.
Pensar: to think.
Peor: worse.
Perfecto: perfect.
Permitido: allowed.
Personarse: to appear in person.

Pésame: condolence.
Pescado: fish.
Pesquisas: inquiry.
Pigmento: pigment.
Pingüino: penguin.
Pirata: pirate.
Plan: plan.
Plástico: plastic.
Poco: little bit.
Poder: to be able to.
Policía: police.
Poner rumbo a: to set course to.
Por favor: please.
¿Por qué?: Why?
Pregunta: question.
Preguntar: to ask.
Preocuparse: to worry.
Primaveral: springlike.
Primero: first.
Prisa: hurry.
Prisión: prison
Pronto: soon.
Próximo: next.
Puerta: door.

Q

Querer: to want.
Querida/o: dear.
¿Quién?: Who?
Química: Chemistry
Quizás/ Quizá: maybe.

R

Rastro: trace.
Reacción: reaction.
Reaccionar: to react.
Recargar: to recharge.
Recibir: to receive.
Recuperado/a: recovered.
Regresar: to return.
Reír: to laugh.
Reloj: clock.
Remangar: to raise the sleeve.
Repetir: to repeat.
Respirar: to breathe.
Resultado: result.
Revista: magazine.
Revuelo: stir.
Rey: king.
Rodear: to surround.
Ruido: noise.

S

Sábado: Saturday.
Saber: to know.
Sala de investigadores: investment room.
Salud: health.
Saludar: to greet.
Saludo: greeting.
Segundo: second.
Seguro: sure.
Semana: week.

Sentido del humor: sense of humour.
Ser: to be.
Siempre: always.
Sierra: mountain range.
Siglo: century.
Silla: chair.
Simpático/a: nice.
Sin embargo: however.
Sol: sun.
Solo/a: single, sole, unique, lonely.
Sonrisa: smile
Subir (al coche): to get on.
Suceso: event.
Suelo: floor.
Superficie: surface.

T

Tapa: top.
Tarde/ por la tarde: late/ in the afternoon.
Teléfono: telephone.
Tener: to have (got).
Tercero: third.
Tesis: thesis.
Tesoro: treasure.
Tía/ Tío: aunt/uncle
Tienda: shop.
Tinta: ink.
Tocar: to touch.
Tomar un café: to have a coffee.
Tortuga: turtle.
Totalmente: totally, completely.
Tóxico: toxic.

Trabajar: to work.
Tranquilo: quiet.
Triste: sad.
Tristeza: sadness.

U

Único: only, sole, unique.
Uno: one

V

Vacaciones: holidays.
Vaivén: swaying.
Veneno: poison.
Ventana: window.
Verdad: true.
Verdura: vegetable.
Vestir: to dress.
Viajar: to travel.
Viaje: trip.
Vida: life.
Viernes: Friday.
Vivir: to live.
Volver: to come back.

Z

Zumo: juice.

LÉXICO Y GRAMÁTICA / LEXICON AND GRAMMAR

Días de la semana/ Days of the week: Lunes (Monday), martes (Tuesday), miércoles (Wednesday), jueves (Thursday), viernes (Friday), sábado (Saturday), domingo (Sunday).

Partes del día/ Parts of the day: mañana (morning), tarde (afternoon), noche (night).

Estaciones del año/ Seasons of the year : primavera (Spring), verano (Summer), otoño (Autumn), invierno (Winter).

Meses del año/ Months of the year: enero (January), febrero (February), marzo (March), abril (April), mayo (May), junio (June), julio (July), agosto (August), septiembre (September), octubre (October), noviembre (November), diciembre (December).

Números/Numbers : uno (one), dos (two), tres (three), cuatro (four), cinco (five), seis (six), siete (seven), ocho (eight), nueve (nine), diez (ten), once (eleven), doce (twelve), trece (thirteen), catorce (fourteen), quince (fiveteen), dieciséis (sixteen), diecisiete (seventeen), dieciocho (eighteen), diecinueve (nineteen), veinte (twenty), veintiuno (twenty-one), veintidós (twenty-two), veintitrés (twenty-three), veinticuatro (twenty-four), veinticinco (twenty-five), veintiséis (twenty-six), veintisiete (twenty-seven), veintiocho (twenty-eigth), veintinueve (twenty-nine), treinta (thirty) , treinta y uno (thirty-one), treinta y dos (thirty-two) ...cuarenta (forty), cuarenta y uno (forty-one), cuarenta y dos (forty-two), …, cincuenta (fifty), cincuenta y uno (fifty-one), cincuenta y dos (fifty-two), …, sesenta (sixty), setenta (seventy), ochenta (eighty), noventa (ninety), cien (one hundred).

Verbo SER/ To be: yo soy (I am), tú eres (you are), él/ella/ello es (he/she/it is), nosotros somos (we are), vosotros sois (you are), ellos son (they are).
Usted es (singular formal expression "you are") /ustedes son (plural formal expression "you are").

Verbo ESTAR / To be: yo estoy (I am), tú estás (you are), él/ella/ello está (he/she/it is), nosotros estamos (we are), vosotros estáis (you are), ellos están (they are).
Usted está (singular formal expression you are)/ ustedes están (plural formal expression you are).

EXPRESIONES IDIOMÁTICAS/ IDIOMATIC EXPRESSIONS

Ser todo oídos: estar dispuesto a escuchar. /To be willing to listen.

No caber un alfiler: estar un lugar lleno de gente. /To be a place full of people.

Hablar por los codos: hablar mucho, continuamente. / To talk a lot, continuously.

Haber gato encerrado: haber algo oculto, que no se sabe. /Have something hidden, that is not known.

Estar (algo) manga por hombro: estar algo desordenado o sin terminar./ To be somewhat untidy or unfinished.

Tomar el pelo: gastar una broma. / to make a joke.

FRASES HABITUALES/ COMMON PHRASES

Buenos días /Good morning

Buenas tardes /Good afternoon

Buenas noches /Good night

¿Cómo estás? /How are you?

Hasta luego /Bye

Por favor /Please

Gracias /Thank you

¿Cómo te llamas? /What is your name?

¿Puedo ayudarte? /Can I help you?

¿Qué hora es? /What time is it?

¿De dónde eres? /Where are you from?

¿Dónde estás? /Where are you?

Yo estoy aquí /I am here

Ten cuidado /Be careful

No te preocupes /Don´t worry

De vez en cuando /From time to time

¡Ayuda! /Help!

No entiendo /I don´t understand.

Me siento bien /I feel good.

Estoy seguro /I am sure.

EJERCICIOS DE COMPRENSIÓN LECTORA/ READING COMPREHENSION EXERCISES

Escoge la respuesta correcta / Choose the correct answer

Ejercicios comprensión lectora capítulo uno/ Reading comprehension chapter one exercises

1.- ¿Qué mascota tiene Vicente?

a) Una tortuga.
b) Un loro.
c) Un perro.

2.- ¿Qué se encuentra Vicente en el parque?

a) Una silla.
b) Una carta.
c) Un libro.

Ejercicios comprensión lectora capítulo dos/ Reading comprehension chapter two exercises

3.- ¿Dónde está la biblioteca?

a) En el centro de Madrid.
b) En Toledo.
c) En el Escorial, a unos kilómetros de Madrid.

4.- ¿Sobre qué libro hace Vicente su tesis?

a) Sobre un códice medieval.
b) Sobre un best-seller del año pasado.
c) Sobre un libro de Leonardo da Vinci.

Ejercicios comprensión lectora capítulo tres/ Reading comprehension chapter three exercises

5.- ¿Con quién desayuna Vicente esa mañana?

a) Con su abuela.
b) Con un vecino.
c) Con su madre.

6.- ¿Qué le da Berta, la bibliotecaria, a Vicente?

a) Un ramo de flores.
b) Una taza de café.
c) Un cuaderno.

Ejercicios comprensión lectora capítulo cuatro/ Reading comprehension chapter four exercises

7.- ¿Por qué Vicente debe personarse en comisaría?

a) Porque Berta está muerta y las cámaras de seguridad de la biblioteca los graban juntos poco antes de la muerte de Berta.
b) Porque su billetera aparece y se la quieren devolver.
c) Porque Ana está en apuros.

8.- ¿Qué le da Vicente al agente en la comisaría?

a) Un sombrero.
b) Una revista de Historia.
c) Un cuaderno.

Ejercicios comprensión lectora capítulo cinco/ Reading comprehension chapter five exercises

9.- ¿Qué tiempo hace ese día?

a) Mucho sol.
b) Llueve.
c) Nieva.

10.- ¿Qué le dice Ana a Vicente por teléfono?

a) Le da las gracias por el libro.
b) Que mañana le acompaña al entierro de Berta.
c) Que la acompañe al médico.

Ejercicios comprensión lectora capítulo seis/ Reading comprehension chapter six exercises

11.- ¿Quienes encuentran Ana y Vicente en el funeral de Berta?

a) A nadie.
b) A dos compañeros de trabajo y al marido de Berta.
c) Al médico.

12.- ¿Qué olvida Ana en la tumba de Berta?

a) Un pañuelo.
b) Su carné de identidad.
c) Un paraguas.

Ejercicios comprensión lectora capítulo siete/ Reading comprehension chapter seven exercises

13.- ¿Qué hace Vicente ese día?

a) Juega al fútbol con unos amigos.
b) Se queda en casa y trabaja en su tesis.
c) Va al cine con Ana.

14.-¿Qué le dice Ana sobre el libro "El nombre de la rosa"?

a) Que trata de crímenes medievales.
b) Que es un gran libro de animales.
c) Que no va a leerlo.

Ejercicios comprensión lectora capítulo ocho/ Reading comprehension chapter eight exercises

15.- ¿A dónde va Vicente ese día?

a) A un exámen.
b) Al médico.
c) Al circo.

16.- ¿Qué decide Vicente que tiene que descubrir mañana?

a) Una fórmula matemática.
b) Si Ana tiene novio.
c) Qué esconde Berta en el almacén de la biblioteca el día que muere.

Ejercicios comprensión lectora capítulo nueve/ Reading comprehension chapter nine exercises

17.- ¿Qué sucede en la biblioteca esa mañana?

a) Hay una fiesta.
b) Hay mucho revuelo de investigadores pidiendo sus documentos.
c) Nada.

18.- ¿Qué encuentra Vicente en la estantería del almacén de la biblioteca?

a) Un bocadillo.
b) Una llave.
c) Un libro de animales.

Ejercicios comprensión lectora capítulo diez/ Reading comprehension chapter ten exercises
19.- ¿Qué revelan los resultados del análisis de Vicente?
a) Que tiene anemia.
b) Que está muy bien de salud.
c) Que su sangre tiene una elevada concentración de un metal.

20.- ¿Qué le dice el médico a Vicente que tiene que hacer?

a) Tiene que ducharse tres veces al día.
b) Tiene que llevar una buena alimentación.
c) Tiene que irse de viaje a París.

SOLUCIONES A LOS EJERCICIOS DE COMPRENSIÓN LECTORA/ SOLUTIONS TO THE EXERCISES OF READING UNDERSTANDING

1.- b)
2.- c)
3.- c)
4.- a)
5.- c)
6.- c)
7.-a)
8.- c)
9.- b)
10.- b)
11.- b)
12.- c)
13.- b)
14.- a)
15.- b)
16.- c)
17.-b)
18.- c)
19.- c)
20.- b)

AUDIO

Direct link:

https://bit.ly/2JLvwQc

Download audio link:

http://bit.ly/2nih4qV

If you have any problem or suggestion write us an email to the following address:

improvespanishreading@gmail.com

Notas/Notes

Notas/Notes

Otros títulos de la colección publicados hasta la fecha

Visita nuestra página web

http://improve-spanish-reading.webnode.es/

Printed in Great Britain
by Amazon